Amigos

Nicholas Wrazen

Traducción al español: José María Obregón

Rosen REAL READERS en español

Rosen Classroom Books & Materials
New York

1

Los amigos juegan juntos.

Los amigos comparten sus juguetes.

Los amigos se ayudan.

Los amigos se visitan.

Los amigos se enojan.

Pero los verdaderos amigos se reconcilian muy pronto.

Palabras que debes saber

ayudar

enojado

(los) juegos

jugar

(los) juguetes